123 SESAME STREET

Celebramos que somos TÚ y YO

Muchas maneras de COMER

Christy Peterson

ediciones Lerner ◆ Mineápolis

¡En Sesame Street, celebramos a todos!

En esta serie, los lectores explorarán las diferentes maneras en las que comemos, nos vestimos, jugamos y más. Reconocer nuestras similitudes y diferencias les enseñará a los pequeños a estar orgullosos de sí mismos y a apreciar el mundo que los rodea. Juntos, podemos ser más inteligentes, más fuertes y más amables.

Saludos. Los editores de Sesame Workshop

Contenido

Todos los tipos de comida

La comida cuenta la historia de dónde vienen nuestras familias. La comida también puede ser una manera de aprender sobre otras culturas.

Las personas de todo el mundo comen diferentes tipos de comida.

Algunas comidas son específicas de una cultura. Otras son similares en todo el mundo.

Me encanta
probar comidas
nuevas.

Los alimentos como el arroz, el pan y los frijoles se comen en muchos países y culturas. Hay muchas maneras de prepararlos.

Algunas comidas, como los dumplings, tienen diferentes rellenos. Para cada comida, el envoltorio y el relleno son diferentes.

Las empanadas son populares en México, las samosas son populares en la India y los pierogis son populares en Polonia.

Algunas veces, se conoce a los lugares por un tipo de comida. Muchas personas disfrutan de los pasteles de arroz. En Corea, es popular un tipo de pastel de arroz llamado tteokbokki.

¡El tteokbokki es dulce y picante!

Algunas veces comemos una comida especial para las festividades y las celebraciones.

Para celebrar Juneteenth elegimos comida roja.

En el Año Nuevo lunar, las personas regalan naranjas para la suerte. En el Año Nuevo judío, las personas comen manzanas embebidas en miel para que el año sea dulce.

El Año Nuevo judío se llama Rosh Hashaná.

La comida une
a los amigos
y familias de
diferentes culturas.

Cuando hacemos una
fiesta en Sesame Street,
todos traen comida
para compartir.

¡Me da orgullo ser quien soy!

¿Cuál es tu comida favorita? ¿Cuál es la comida favorita de tus amigos? Dibújense compartiendo sus comidas favoritas entre todos.

Mi comida favorita ser las galletas. ¡Pero a mí gustarme probar comidas nuevas también!

Glosario

celebración: una reunión que se lleva a cabo por un acontecimiento especial, como un cumpleaños o una festividad

cultura: las creencias, actividades cotidianas y hábitos compartidos por un grupo de personas

festividad: un acontecimiento cultural o religioso importante

preparar: hacer

tteokbokki: (duk-bo-kee) un tipo de pastel de arroz de Corea

Más información

Bullard, Lisa. *Something Special: All Kinds of Foods*. Mineápolis: Lerner Publications, 2022.

Marie, Lynne. *Let's Eat! Mealtime around the World*. Mineápolis: Beaming Books, 2019.

Reinke, Beth Bence. *Healthy Foods around the World.* Mineápolis: Lerner Publications, 2019.

Índice

Créditos por las fotografías

Créditos de las imágenes: Jose Luis Pelaez Inc/Getty Images, p. 4 (arriba); Tom Werner/Getty Images, p. 4 (izquierda abajo); Nick Dolding/Getty Images, p. 4 (derecha abajo); Monkey Business Images/Shutterstock.com, pp. 6, 18 (izquierda abajo); pidjoe/Getty Images, p. 9 (arriba); apletfx/Getty Images, p. 9 (izquierda centro); Creativel/Getty Images, p. 9 (derecha centro); Anthony Boulton/ Getty Images, p. 9 (izquierda abajo); AGCuesta/Shutterstock.com, p. 9 (derecha abajo); zhanghaoran/Shutterstock.com, p. 10; MARCELOKRELLING/Getty Images, p. 11; AS Food studio/Shutterstock.com, p. 12; FangXiaNuo/Getty Images, p. 14; Inna Reznik/ Shutterstock.com, p. 17; Ronnachai Palas/Shutterstock.com, p. 18 (arriba); Jasmin Merdan/Getty Images, p. 18 (derecha abajo); Inna Kirkorova/Shutterstock.com, p. 20.

Portada: Ned Frisk/Getty Images (arriba); xavierarnau/Getty Images (centro); Jose Luis Pelaez Inc/Getty Images (abajo).

ediciones Lerner
Una división de Lerner Publishing Group, Inc.
241 First Avenue North
Mineápolis, MN 55401, EE. UU.

Si desea averiguar acerca de niveles de lectura y para obtener más información, favor consultar este título en www.lernerbooks.com.

Fuente del texto del cuerpo principal: Mikado. Fuente proporcionada por HVD.

Library of Congress Cataloging-in-Publication Data

Names: Peterson, Christy, author.
Title: Muchas maneras de comer / Christy Peterson.
Other titles: Many ways to eat. Spanish
Description: Minneapolis : ediciones Lerner, [2025] | Series: Celebramos que somos TÚ y YO con Sesame Street | At head of title: Sesame Street. | Includes bibliographical references and index. | Audience: Ages 4–8 years | Audience: Grades K–1 | Text is in Spanish. | Summary: "There are lots delicious foods and many ways to prepare them. Join favorite Sesame Street characters in learning about the foods and dishes from many cultures. Now in Spanish!"—Provided by publisher.
Identifiers: LCCN 2024050318 (print) | LCCN 2024050319 (ebook) | ISBN 9798765668191 (lib. bdg.) | ISBN 9798765683408 (pbk.) | ISBN 9798765674253 (epub)
Subjects: LCSH: Food habits—Juvenile literature. | Sesame Street (Television program)—Juvenile literature.
Classification: LCC GT2850 .P47818 2025 (print) | LCC GT2850 (ebook) | DDC 394.1/2—dc23/eng/20241220

Fabricado en los Estados Unidos de América
1-1011892-53752-1/21/2025